L.b. 1115.⁴⁸

REMARQUES

SUR LES AFFAIRES

DU MOMENT.

IMPRIMERIE DE LE NORMANT, RUE DE SEINE.

REMARQUES

SUR LES AFFAIRES

DU MOMENT.

PAR M. LE V.ᵗᵉ DE CHATEAUBRIAND,

 PAIR DE FRANCE.

———

PARIS,
CHEZ LE NORMANT, IMPRIMEUR-LIBRAIRE.

1818.

OUVRAGES

de M. DE CHATEAUBRIAND, *qui se trouvent chez* LE NORMANT.

Génie du Christianisme, ou Beautés de la Religion Chrétienne. Sixième édition. Cinq vol. in-8°, fig. Prix : 30 fr.
 Idem. Neuf. vol. in-18. Prix : 18 fr.

Les Martyrs, ou le Triomphe de la Religion Chrétienne. Troisième édition, précédée d'un examen; avec des remarques sur chaque livre, et des fragmens du Voyage de l'Auteur en Grèce et à Jérusalem. Trois vol. in-8°. Prix : 15 fr.

Itinéraire de Paris à Jérusalem et de Jérusalem à Paris, en allant par la Grèce, et revenant par l'Egypte, la Barbarie et l'Espagne. Troisième édition, revue et corrigée. Trois vol. in-8°, ornés d'une carte géographique. Prix : 18 fr.

Mélanges de Politique. Deux vol. in-8°. Prix : 10 fr.
 Ce Recueil se compose des ouvrages suivans :
 1°. D'une nouvelle préface sur les circonstances actuelles;
 2°. De Buonaparte et des Bourbons, ou de la nécessité de nous rallier à nos Princes légitimes;
 3°. Réflexions politiques sur quelques Ecrits du jour, et sur les intérêts de tous les Français;
 4°. Du Rapport fait à Gand sur l'état de la France au 12 mars 1815;
 5°. Du Rapport fait au Roi, en son conseil, sur le décret de Napoléon Buonaparte, du 9 juin 1815;
 6°. De tous les Discours prononcés par l'auteur dans la Chambre des Pairs;
 7°. De la Monarchie selon la Charte.

Du Système Politique, suivi par le Ministère. Broch. in-8°. Prix : 2 fr.

AVIS.

Ce n'est ni un ouvrage, ni même une brochure que je publie. Quand les journaux cesseront d'être sous une censure qui détruit le gouvernement représentatif par sa base, alors ils seront naturellement chargés de combattre la calomnie : jusque-là tout homme qui jouit de quelque liberté est obligé en conscience, de s'en servir pour éclairer l'opinion publique : c'est pourquoi je fais paroître cette *réclamation.*

REMARQUES

SUR LES AFFAIRES

DU MOMENT.

Paris, 31 juillet 1818.

J'avois renoncé à la politique ; des travaux historiques, depuis long-temps entrepris, sollicitoient mon retour à l'étude. Tout n'avoit pas été perdu pour ces travaux dans mon rapide passage à travers les affaires humaines : les hommes apprennent à connoître les hommes, et je portois, dans l'examen des principes qui servirent à l'établissement de notre monarchie, les lumières que j'avois pu acquérir, en voyant de plus près les causes de sa destruction.

C'est au milieu de ces occupations, lorsque je fouillois dans les tombeaux de nos ancêtres, que, déroulant les vieux titres de notre gloire, je cherchois à élever à la France un monument ; c'est dans cet instant même que l'on me peint comme un indigne enfant de cette France ! La plus lâche et la plus noire calomnie arrête ma plume, sur la ligne même où je venois d'exprimer mon amour et mon admiration pour ma patrie. Je recherchois l'origine de la noble race de saint Louis, et voilà que je suis dénoncé comme un ennemi de cette race, dont j'ai cependant défendu les droits et partagé l'exil. On m'arrache à mes paisibles recherches; on vient me provoquer au milieu de la poussière des livres. J'étois déterminé au silence, à la paix, à l'oubli, et l'on ne veut ni de ce silence, ni de cette paix, ni de cet oubli : on me jete le gant, je le relève.

Non-seulement je dois soutenir mon honneur, mais je dois défendre les royalistes (1). Une

___

(1) C'est surtout dans un écrit de ce genre qu'il faut être clair, et se faire entendre de tout le monde. On a donc été forcé d'employer les noms sous lesquels les différentes opinions sont classées aujourd'hui. Ce n'est pas toutefois sans un profond regret : les royalistes savent trop combien de souvenirs douloureux s'attachent à ces désignations, qui commencent par n'exprimer que des opinions, et finissent par marquer des victimes. (*Note tirée de mon écrit sur le* Système suivi par le Ministère.)

trop touchante fraternité de malheur m'unit à ces hommes, pour qu'ils ne me retrouvent pas quand ils ont besoin de moi. Tout conspire aujourd'hui contre eux, et nos journaux, enchaînés par la censure, et les pamphlets libres, mais dirigés par une opinion hostile, et les feuilles étrangères sous l'influence de notre argent ou de nos passions. On craint de plaider la cause de ces victimes de la fidélité ; on parle de leurs services avec les ménagemens qu'on prendroit pour parler d'un crime ; leur innocence fait peur, et il semble qu'on n'ose en approcher : ils peuvent du moins compter sur moi. Trop long-temps les calomniateurs anonymes ont joui de l'impunité ; ils ont trop espéré dans leur bassesse : je cesse de reconnoître leur privilége, et ils réclameront en vain l'inviolabilité du mépris.

On n'a peut-être pas encore tout-à-fait oublié *la Monarchie selon la Charte*. Quel que soit le jugement qu'on ait porté de cet écrit, on conviendra du moins que je me suis peu écarté de la vérité. Qu'on veuille bien jeter les yeux sur les chapitres 76, 77, 78, 79, 80, 81, 82, 83, 84, et l'on verra que j'ai calculé la suite des choses avec une précision effrayante. Les injures, les déclamations, les libelles ne détruisent point les faits : j'ai dit qu'on chasseroit les royalistes de toutes les places ; qu'après avoir *épuré* le civil, on chercheroit à *épurer* l'armée : tout cela est arrivé, et si ponctuellement, que ce n'est pas moi qui semble avoir prévu l'événement, mais les auteurs du *système*, qui paroissent avoir pris à tâche de suivre la route que j'avois tracée.

J'avois dit encore que la doctrine secrète des ennemis de la légitimité est celle-ci : « *Une révolution, de la nature de la nôtre, ne finit que par un changement de dynastie.* (1) J'avois dit que les plus grands ennemis du Roi *affecteroient pour lui le plus grand amour; qu'ils reconnoîtroient en lui ces hautes vertus, ces lumières supérieures que personne ne peut méconnoître; que le Roi, qu'on a tant outragé pendant les cent jours, deviendroit le très-juste objet des hommages de ceux qui l'ont trahi, et qui sont prêts à le trahir encore.* J'ajoutois : *que ces démonstrations d'admiration et d'amour ne seroient que l'excuse des at-*

---

(1) Monarchie selon la Charte, chapitre 76.

taques dirigées contre la Famille royale ; qu'on affecteroit de craindre l'ambition de ces Princes, qui, dans tous les temps, se sont montrés les plus fidèles et les plus soumis des sujets ; qu'on essaieroit de leur enlever le respect et la vénération des peuples ; qu'on calomnieroit leurs vertus ; que les journaux étrangers seroient chargés de cette partie de l'attaque, par des correspondans officieux (1). La prédiction s'est-elle accomplie ? Y a-t-il eu un moment, un seul moment où l'on se soit écarté du système annoncé, où l'on ait cessé de se servir des mêmes moyens, d'employer les mêmes manœuvres ? Lorsqu'une fois on est sur le penchant du précipice, ceux qui ont eu l'imprudence de s'y placer sont entraînés sans ressource.

Il faut, en effet, que nous soyons déjà bien engagés dans la descente, puisque nous en sommes aux conspirations. Depuis long-temps on murmuroit, dans un certain parti, la *nécessité* de découvrir une conspiration royaliste. Ne falloit-il pas un contre-poids aux conspirations de Grenoble et de Lyon ? N'étoit-il pas affligeant de trouver que des jacobins

---

(1) Monarchie selon la Charte, chapitre 77.

s'étoient soulevés, tandis que des Vendéens restoient tranquilles? N'étoit-il pas évident à tous les yeux que des hommes qui se sont fait massacrer pendant vingt-cinq ans pour le trône, veulent le renversement de ce trône, comme les hommes qui ont conduit Louis XVI à l'échafaud?

Je vois, dans des journaux étrangers endoctrinés par des *correspondans*, que deux, que trois colonels devoient échelonner leurs régimens, de Saint-Cloud à Vincennes, le jour où un crime devoit être commis. En conséquence de ces infâmes calomnies, le juge se trouve forcé d'envoyer un mandat de comparution à l'un de ces colonels, afin qu'il vienne déclarer ce qu'il pourroit savoir d'une conspiration contre le Roi. Ce brave militaire reçoit le mandat, l'anniversaire du jour où son père et son grand'père périrent les premiers pour la monarchie! Qu'un autre colonel ne prétende point en appeler aux cendres de ses deux frères, qu'il ne vienne point montrer sur son visage les blessures qu'il obtint au service de sa patrie, ni sur son corps celles qu'il reçut pour son Roi, dans les cent-jours; qu'il cesse d'étaler l'orgueil d'un nom qui représente l'honneur de la vieille France., et qui reste comme un immortel débris d'un grand naufrage : c'est *un conspirateur contre le Roi!!* il devoit..., je n'oserois achever le blasphème dans le pays qui voit encore les ruines des chaumières de la Vendée. Les calomniateurs français ont reculé eux-mêmes devant leur propre calomnie: ils n'ont osé la répandre que sur une terre étrangère.

Il faut que l'on sache qu'il existe une certaine *correspondance privée* dont la source est à Paris. Cette correspondance *privée* est confiée à des hommes qui osent tout, excepté signer leur nom, ce qui prouve au moins qu'ils rougissent de quelque chose. Sous le voile de l'anonyme, calomniateurs sans périls et par conséquent doublement lâches, ils n'ont pas même le courage de l'assassin qui peut être tué par celui qu'il veut égorger. Si dans votre patrie on porte des accusations contre vous, du moins on sait qui vous êtes ; vous êtes là ; vos amis sont là ; le public n'est pas long-temps dans l'erreur. Mais qui redressera le tort qu'on vous fait, si l'on noircit votre réputation dans un autre pays? Les plus grossiers mensonges ne peuvent-ils pas être adoptés comme des vérités par des hommes qui ne vous connoissent pas ? Une opinion étrangère se forme, s'enracine, se propage avant même que vous en soupçonniez l'existence, et vous pouvez ainsi porter toute votre vie la marque de la sale main qui vous a souillé en vous touchant.

Qu'est donc devenu en nous le sentiment de la dignité nationale? Quoi! ce sont les lecteurs des journaux de l'Allemagne et de l'Angleterre que nous instruisons de nos discordes ? Dans quel rang inférieur nous plaçons-nous donc? Nous voyons ce que nous n'avions pas encore vu dans l'histoire de nos malheurs; nous voyons des Français (1) acheter au poids de l'or une place dans les feuilles publiques étrangères, pour y flétrir des Français. Qu'on ne s'y trompe pas : ces outrages, faits à des particuliers, retombent sur la nation entière. Nous ne pouvons nous attirer que le mépris de nos voisins, en nous déchirant ainsi dans leurs journaux. Si l'on y représente comme des scélérats

---

(1) Je veux bien encore ne pas les désigner plus clairement.

les plus honnêtes gens de la France, qu'est-ce donc que le reste de la France? Voit-on les étrangers nous imiter, payer leur déshonneur dans nos gazettes? Qu'il seroit plus français, plus généreux, plus patriotique de dérober nos misères aux regards des autres peuples, de nous parer des réputations et des talens qui nous restent! Nous avons souffert tant de vices, ne pouvons-nous supporter quelques vertus?

Une correspondance *privée* dit donc que nous sommes coupables de haute trahison; que les auteurs de *certain mémoire*, entre lesquels je suis particulièrement désigné, sont aussi les auteurs de *certaine conspiration*. Je reviendrai sur le mémoire. Examinons auparavant ce que peut être une conspiration dans une monarchie constitutionnelle.

Plus on étudie le gouvernement représentatif, plus on l'admire. Indépendamment de ses autres avantages, c'est encore, de toutes les espèces de gouvernement, celui qui est le moins exposé aux dangers d'une conspiration. Dans les républiques, le gouvernement peut périr, quand un des pouvoirs de l'État attaque les autres pouvoirs. A Rome, une partie des sénateurs et du peuple entre dans la conjuration de Catilina contre une autre partie des sénateurs et du peuple : ôtez Cicéron, et le Capitole est en cendres. Dans les monarchies absolues, un coup de poignard peut tout changer : Henri III meurt, et la France est livrée aux fureurs de la ligue. A Constantinople, la patiente Servitude, le soir endormie sous un tyran, le matin réveillée sous un autre, abaisse son front devant la nouvelle Idole, ouvrage d'un eunuque ou d'un janissaire. Un homme étoit encore à minuit dans une maison de détention : il franchit les murs d'un jardin, va chercher quelques soldats à Vincennes, revient à Paris, tire un coup de pistolet dans la tête d'un gouverneur : s'il en eût tiré un second, il devenoit le maître de celui qui étoit encore le maître du monde : tant est foible le plus fort despotisme!

A quoi parviendroient des conspirateurs dans notre monarchie constitutionnelle? Ils n'auroient de chance de brouiller que dans un seul cas : s'il s'agissoit de remettre le despotisme de la Révolution à la place de la légitimité et de la Charte. Alors, appelant tous ceux qui ont servi ce despotisme, séduisant les soldats, alarmant les intérêts, ils parviendroient peut-être à exciter quelques troubles.

Mais, si l'on suppose qu'il existe une conspiration dont les membres sont tous des serviteurs dévoués au monarque ; que cette conspiration ait pour but de forcer ce monarque à changer ses ministres, y a-t-il là une ombre de probabilité ? Quand un ministère seroit enlevé ; quand un prince opprimé auroit consenti à tout, ne resteroit-il pas les deux Chambres ? Croit-on qu'à l'ouverture de la session, aucune voix ne se feroit entendre ; qu'une si abominable scène n'attireroit l'attention d'aucun pair, d'aucun député ? Ce seroit alors que les deux autres parties du pouvoir législatif, restées libres, s'armeroient bien justement, et qu'une loi forgée comme la foudre, tombant sur la tête des conspirateurs, rendroit au Roi son inviolabilité, à la nation son indépendance.

Les conspirateurs se seroient débarrassés des Chambres ? Je l'ai dit ailleurs, et je le répète ici : La Charte est plus forte que nous ; quiconque voudra la détruire, sera détruit par elle. Quelle autorité auroit une poignée d'obscurs conspirateurs pour renverser le produit du temps et l'œuvre de la sagesse du Roi? Retranchez la Charte, et demain vous n'aurez pas un écu dans le Trésor.

Sur des renseignemens qu'il ne nous est pas donné de connoître, et qu'il ne nous est pas permis d'interpréter, des mandats de dépôts ont été lancés contre quelques personnes. Le magistrat a cru devoir agir par des raisons dont il ne doit compte à personne : jusques là tout est dans l'ordre et dans les attributions de la justice. Mais aussitôt l'esprit de parti s'empare de l'affaire ; les *correspondances privées* sont mises en mouvement, elles répandent au dehors les plus odieuses calomnies. Au dedans, les passions se jettent sur leur proie ; ceux-ci s'attachent par haine à certains noms ; ceux-là se laissent troubler par foiblesse ; les uns adoptent les rumeurs populaires par amour de l'étrange et du nouveau ; les autres les propagent sans y croire afin de cacher des desseins plus dangereux. La perversité, la cupidité, la bassesse profitent de ce moment pour gagner leur salaire. On crie dans les rues, *grande conspiration*, quand il n'y a pas encore d'*accusés*. Les journaux impriment des articles injurieux (1), et les conseils des détenus ne peuvent obtenir, même, par sommation judiciaire, qu'on leur déclare le nom des accusateurs de leurs malheureux cliens. Le *Secret* vient ajouter l'effroi du silence au scandale du bruit. Dans ce cahos le bon sens se perd, le jugement s'égare : autant de villages, autant d'opinions ; ou plutôt, chose affreuse, tandis qu'on diffère sur les moyens, sur le but et les agens secondaires d'une conspiration que l'on ne connoît pas, la plus criminelle des calomnies demeure invariable ; et c'est l'honneur, la religion et la vertu qu'on ose placer à la tête du crime.

Il n'appartient à qui que ce soit de se placer entre le juge et le justiciable. Je respecte profondément, et l'auguste fonction du magistrat, et l'arrêt qu'il pourra prononcer : sans la soumission la plus complète aux lois et aux tribunaux, tout est perdu. Je ne préjuge donc rien des personnes maintenant detenues : mais je dois, avec la loi, les supposer innocentes, puisqu'elles ne sont ni accusées, ni même en

---

(1) Voyez les excellentes *Observations préliminaires pour le baron Canuel*, par M. *Berryer fils*, avocat.

état de prévention ; il m'est surtout permis de les plaindre parce qu'elles souffrent, et que je suis homme : il est dur pour le général Canuel, après avoir combattu dans la Vendée pendant les cent-jours, et sauvé le Roi et la France à Lyon, d'être aujourd'hui plongé dans les cachots : l'intérêt pour lui doit redoubler, puisqu'il est venu se remettre lui-même si noblement entre les mains de ses juges. J'admets donc, je dois donc admettre que les détenus seront pleinement justifiés, qu'ils recouvreront bientôt leur liberté.

Dans cette supposition que tout bon citoyen doit adopter jusqu'à ce que la justice ait prononcé, il se présente une question.

Des hommes déclarés innocens par la justice, peuvent-ils poursuivre leurs dénonciateurs ? Quand ils ont souffert une détention plus ou moins longue, n'y a-t-il pour eux aucune indemnité, aucun dédommagement ? s'en iront-ils tout simplement déplorer leurs malheurs dans leurs familles, et reprendre le cours de leur vie, comme si rien ne leur étoit arrivé ? Oui : tel est le vice de notre Code pénal : il suffiroit seul pour détruire la Charte. Un homme est soupçonné d'un complot, et en conséquence mis en prison : on peut l'y garder tant que le juge instructeur croira n'avoir pas complété l'instruction secrète. Celui-ci peut appeler tous les témoins qu'il lui plaît d'entendre; et si ces témoins sont aux colonies, il faudra les faire venir. La Charte n'existe plus pour un homme frappé d'un mandat de dépôt; or comme tout le monde peut se trouver dans ce cas, personne n'étant à l'abri d'une fausse dénonciation, il en résulte qu'avec le Code pénal, s'il arrivoit jamais que des juges se laissassent intimider ou corrompre par la puissance, on pourroit toujours, et aussi long-temps qu'on voudroit, disposer de la liberté d'un citoyen. Nous n'avons rien à craindre d'un tel malheur aujourd'hui; mais il n'en est pas moins instant de réformer notre Code pénal; car il faut toujours faire dépendre la sûreté de la société de l'inflexible pouvoir des lois, et non de la volonté des hommes sujets à changer et à faillir.

Quand je dis que l'homme détenu et déclaré innocent, sort de prison comme il y est entré, je me trompe : on peut prononcer qu'il n'y a pas lieu à le poursuivre ; que les preuves judiciaires ont manqué; mais les ennemis n'ont-ils pas la ressource des *preuves morales ?* N'est-ce pas déjà ce que commencent à dire les *correspondances privées ?* L'infortuné, échappé au glaive de la loi, n'échappe pas au supplice de la calomnie. Avec les prétendues *preuves morales* tout est gagné : une source inépuisable de calomnies est ouverte aux outrages, aux persécutions, aux destitutions.

Quoi qu'il en soit, je suis encore à comprendre que des mensonges infâmes aient été insérés dans les feuilles étrangères, qu'ils aient été répétés dans quelques uns de nos ouvrages périodiques, sans qu'on se soit mis en peine de leur donner un démenti formel dans nos journaux censurés. Est-ce par quelques phrases insignifiantes jetées comme à regret dans nos gazettes, qu'on arrêtera ce débordement d'outrages ? Si les ministres étoient compromis, que de braves prendroient leur défense ! que de champions en campagne ! Mais les personnages les plus augustes sont attaqués, et mille voix ne s'élèvent pas pour étouffer celle du mensonge ! Quand il faudroit tonner, on reste muet; quand on devroit instruire les départemens, les détromper, les rassurer, on laisse la con-

tagion se répandre. L'opinion est égarée; qui la redressera, si ce ne sont ceux qui disposent du plus sûr moyen pour la diriger? Le devoir le plus impérieux des hommes en puissance n'est-il pas de défendre la légitimité? « Ap-
» prenons à distinguer les vrais des faux roya-
» listes : les premiers sont ceux qui ne séparent
» jamais le Roi de la Famille royale, qui les
» confondent dans un même dévouement et
» dans un même amour; qui obéissent avec
» joie au sceptre de l'un, et ne craignent point
» l'influence de l'autre; les seconds sont ceux
» qui, feignant d'idolâtrer le monarque, dé-
» clament contre les princes de son sang,
» cherchent à planter le lis dans un désert, et
» voudroient arracher les rejetons qui accom-
» pagnent sa noble tige. On peut dans les
» temps ordinaires, quand tout est tranquille,
» quand aucune révolution n'a ébranlé l'auto-
» rité de la couronne, on peut se former des
» maximes sur la part que les Princes doivent
» prendre au gouvernement; mais quiconque,
» après nos malheurs, après tant d'années
» d'usurpation, ne sent pas la nécessité de
» multiplier les liens entre les Français et la
» Famille royale, d'attacher les peuples et les

» intérêts aux descendans de saint Louis; qui-
» conque a l'air de craindre pour le trône les
» héritiers du trône, plus qu'il ne craint les
» ennemis de ce trône, est un homme qui
» marche à la folie ou court à la trahison (1). »

Il seroit bien temps que le scandale finît. Une des grandes choses dont on se servoit pour le propager, étoit un *certain Mémoire* des royalistes dont on ne parloit qu'avec horreur. Ce Mémoire, disoit-on, se lioit à la conspiration; il en expliquoit *le prétexte et le but*. Dans ce Mémoire, il ne s'agissoit rien moins (suivant les bienveillans interprètes) que d'engager les étrangers à rester en France et à supprimer la Charte. De là on partoit pour traiter les auteurs de ce Mémoire de mauvais Français, de gens abominables: on les déclaroit, dans une *correspondance privée*, coupables du double crime de trahison envers la France et envers le Roi. J'étois particulièrement désigné, et par toutes les lettres de mon nom, pour l'auteur de ce Mémoire.

Avant d'aller plus loin, je demanderai à ceux

---

(1) Monarchie selon la Charte, chap. 77.

qui donnent si facilement des brevets de conspirateurs aux meilleurs serviteurs du Roi, s'ils sont eux-mêmes des hommes si fidèles? N'ont-ils jamais abandonné Buonaparte? N'ont-ils point, pendant les cent-jours, manqué à d'autres sermens? Où étoient-ils alors? Etoient-ils à Gand, dans la Vendée, sur les bords de la Drôme? Quelles places occupoient-ils? Vous qui osez nous appeler des conspirateurs, héritiers de tous les gouvernemens de fait, êtes-vous bien descendus dans le fond de votre conscience? Au mot de trahison ne devriez-vous point rougir? Quand vous accusez, ne vous condamnez-vous pas? Vous parlez de Biron! Ah! du moins, il avoit servi long-temps son maître avant d'être coupable, et vous, vous n'avez jamais su que trahir les vôtres.

Accusé d'avoir fait le Mémoire secret, j'ordonnai sur-le-champ d'attaquer devant les tribunaux le journal anglais où une *correspondance privée* avoit déposé la calomnie. Il y avoit quelque chose de clair, de net, de tranchant dans mon affaire : *je n'ai fait ni rédigé de Mémoire secret d'aucune sorte.*

Il paroît que la fermeté de cette dénégation

a poussé à bout mes ennemis, et que pour n'en avoir pas le démenti, pour prouver qu'il existoit un Mémoire, ils ont tout-à-coup produit au grand jour cette *œuvre d'iniquité*.

J'avoue que lorsqu'on m'apprit la publication d'un mémoire, il me vint en pensée qu'on auroit fabriqué quelque pièce horrible pour la mettre sur le compte des royalistes. En ce genre les exemples n'ont pas manqué dans le cours de la révolution : *les Mémoires de Cléry* ont été falsifiés de la manière la plus infâme ; tout dernièrement, pendant les cent-jours, le Manifeste du Roi, si éloquemment écrit par M. de Lally-Tollendal, a été interpolé, et mon Rapport au Roi, défiguré.

J'ouvre donc en tremblant la *note secrète*. Quelle est ma surprise ! cette note devoit, assuroit-on, demander la prolongation de séjour des troupes alliées en France, et le renversement de la Charte. Or, voici comment l'auteur de la note s'exprime sur le premier point. Il se fait cette question : Savoir si on peut partager la France ou l'occuper militairement ?

« J'avoue, dit-il, que mon sang français se
» révolte à cette pensée, et que je ne pourrois

» la discuter politiquement. . . . . La
» France a deux fois souffert l'invasion, parce
» que les alliés portoient avec eux, et pour
» ainsi dire sur leurs drapeaux, de grandes espé-
» rances, celles d'un gouvernement qui avoit
» pour lui de grands souvenirs de bonheur et
» des garanties d'un repos durable. Ces espé-
» rances ont été déçues ; et cette fois on ne les
» verroit plus arriver qu'avec l'horreur qu'ins-
» pire l'ennemi qui n'a plus rien à nous offrir
» en compensation des maux de la guerre. Le
» prince qui les rappelleroit, faute d'avoir su
» gouverner lui-même, deviendroit odieux à
» la nation entière ; et le parti qui chercheroit
» son appui dans leurs armes, seroit aussi en-
» nemi que les étrangers et seroit repoussé
» avec eux. D'ailleurs, que seroient cent vingt
» mille hommes qui devroient occuper la
» France, contre le sentiment profond d'hor-
» reur qui s'établiroit contre eux dans toutes
» les classes de la nation? Croiroit-on qu'on
» auroit le temps, les moyens de rassembler
» encore une fois un million d'hommes pour
» les jeter sur cette malheureuse France? On
» ne le pourroit pas dans un an ; et dans
» vingt jours, la France entière seroit un

» camp, une citadelle impénétrable, dont la
» population entière formeroit la garnison. »

Est-ce là un homme qui demande *la prolongation du séjour des troupes alliées en France ?*

Mais, peut-être demande-t-il le renversement de la Charte ? Ecoutons-le :

« Quelle violence ne faudroit-il pas pour
» arracher aujourd'hui à la France les conces-
» sions qu'elle a reçues du Roi ? Elles ont été
» consacrées par les puissances qui le repla-
» çoient sur le trône ; par l'usage qu'on en
» a fait, par les garanties qu'on y a trouvées ;
» enfin, *par leur adoption franche et entière*
» *de la part de ceux mêmes qui y étoient les*
» *moins préparés.*

» On ne pourroit pas rétablir ce qu'on ap-
» pelle l'ancien régime ; tous les élémens en
» sont brisés, et la poussière même en est dis-
» persée. On ne retrouveroit pas même le
» fantôme de ces grands corps de l'Etat,
» qui, à la fois défenseurs des droits de la
» couronne et des priviléges des peuples, se
» balançoient noblement dans le cercle qui
» étoit tracé, et garantissoient à la fois les
» libertés de la nation et l'inviolabilité du

» trône. Ce seroit donc un despotisme nu et
» hideux qu'il faudroit mettre à la place de
» ces belles et irréparables institutions des
» temps anciens ; un despotisme sans force,
» sans institutions, sans garanties ; un despo-
» tisme tel que la France ne l'a jamais connu,
» et ne sauroit jamais le supporter ; un des-
» potisme enfin qu'il faudroit maintenir par
» la force des armes, et qui attacheroit à la
» légitimité tous les inconvéniens et tous les
» malheurs de l'usurpation. Un pareil gouver-
» nement répugneroit à la France entière, et
» répugneroit bien plus encore au noble ca-
» ractère des princes légitimes..........

» Et, en faveur de qui prétendroit-on exécu-
» ter une pareille subversion ? Ce ne seroit pas
» dans les intérêts du pays, qui ne trouveroit
» plus dans le gouvernement légitime aucun
» gage de stabilité ; ce ne seroit pas dans les
» intérêts de l'Europe, qui s'engageroit à sou-
» tenir par la force le gouvernement qu'elle
» auroit imposé par la force ; ce ne seroit
» donc que dans l'intérêt de quelques *noms*
» *propres*, qui croiroient ainsi se mainte-
» nir plus facilement au pouvoir.......

» Il restera donc démontré, à tout esprit

» judicieux, que toutes les tentatives que l'on
» feroit pour détruire en France le gouverne-
» ment qu'on y a établi, seroient dangereuses;
» que ces formes constitutionnelles sont les
» mieux adaptées aux circonstances où la
» France se trouve placée; qu'elles conviennent
» à l'esprit des hommes et des temps; qu'elles
» sont un pacte raisonnable entre les institu-
» tions anciennes, qu'on ne sauroit rétablir,
» et les théories de la révolution, qu'il est si
» essentiel de détruire. (1) »

Quel est le vrai Français, quel est l'homme attaché aux principes de la liberté, qui ne voudroit avoir écrit ces pages? Ici je dois remarquer une chose qui fait grand honneur aux roya-

---

(1) Un écrit périodique rend compte de cette note, et en cite quelques passages. La passion ne se fait-elle pas trop voir dans le jugement du critique? Est-il bien équitable d'avancer que l'auteur de la note demande *la permanence de l'armée d'occupation*, lorsqu'il montre, au contraire, avec tant de chaleur l'impossibilité d'occuper militairement la France? Est-il bien impartial de dire qu'il agite la question de savoir *si on peut détruire le gouvernement représentatif*, et de ne pas rapporter le beau passage de la note à ce sujet? *Note ajoutée sur l'épreuve.*

listes : c'est que toujours ce que l'on appelle leur *doctrine secrète*, est parfaitement conforme à leur *doctrine publique*. La minorité dans les deux Chambres (1) a-t-elle parlé en public autrement que l'auteur du Mémoire en secret? Nos ennemis peuvent-ils en dire autant, et leur doctrine secrète est-elle bien la légitimité et la Charte ?

On ne sauroit expliquer les vertiges qui s'emparent quelquefois des hommes : chacun se demande comment les ennemis des royalistes ont fait la sottise d'imprimer une note qui justifie complétement ceux qu'ils prétendoient accuser. Dans l'impossibilité de trouver la solution de cette maladresse, les uns disent que c'est un tour des royalistes ; les autres mettent ce tour sur le compte des indépendans; tandis que tout semble prouver que l'impression de cette note a été l'œuvre irréfléchi de la colère. On aura été emporté par l'idée de rendre publique la *doctrine secrète* des royalistes. Qui sait, si dans la séduction de cette idée, on se sera donné la peine de lire la note ? En France, les personnages les plus graves sont bien légers. Ce-

---

(1) Voyez les notes à la fin.

pendant, il est certain qu'on étoit mieux placé pour le succès dans les ténèbres : en parlant mystérieusement d'un Mémoire *honteux*, en annonçant un crime invisible, dans lequel se trouvoit enveloppé tous ceux qu'on vouloit proscrire, l'attaque étoit plus formidable, plus difficile à repousser. La publication du Mémoire est vraiment la *Journée des Dupes*.

Pour rendre la chose complète, il a fallu que le ridicule vînt se joindre à ces déplorables mensonges : au titre simple de *note*, qui étoit apparemment le titre original, on a cru devoir joindre cette phrase à l'usage de la populace : *Note secrète, exposant les prétextes et le but de la dernière conspiration*. On ouvre le livre, et l'on trouve que les *prétextes* et le *but* de la *conspiration* sont de prouver que les alliés ne peuvent ni partager ni occuper militairement la France, et que le gouvernement représentatif est le seul qui convienne aujourd'hui à notre patrie. Une préface, peut-être écrite par un homme d'esprit qui n'en avoit pas ce jour-là, déclare que la note est un acte de *souveraineté*, un *manifeste* et un *plan de conspiration;* et cet *acte de souveraineté* a été exercé par *un souverain* que l'on ne connoît pas ; et ce *manifeste* est *une note secrète*, et ce plan de *conspiration* est pour le *maintien de la légitimité et de la Charte !*

L'auteur de la note examine cinq questions ; savoir : si l'on peut partager la France, ou l'occuper militairement ; si l'on peut changer la dynastie ; si l'on peut renverser la Charte ; si les ministres peuvent revenir aux principes qui sauveroient la monarchie ; enfin, s'il seroit désirable que le Roi changeât ses ministres. Les éditeurs ont imprimé ces titres de chapitres en caractères ordinaires, excepté le dernier qui se lit en caractères *italiques*. Occuper la France, changer la dynastie, renverser la Charte, revenir à de meilleurs principes ; propositions indifférentes, qu'il est très-loisible d'examiner ; mais agiter la question de savoir s'il seroit heureux que le Roi changeât ses ministres, *quel crime abominable*, surtout dans un gouvernement représentatif ! Il faut souligner ces mots affreux pour dévouer à l'exécration de la postérité le conspirateur qui a osé les écrire.

Que les royalistes ne se laissent ni abattre, ni effrayer de tout ce bruit : leur innocence, tôt ou tard, percera le nuage. Je dois, surtout, les avertir de ce qui pourroit les égarer.

J'entends quelquefois dire les royalistes sont sans force parce qu'ils sont isolés, dispersés sur la surface de la France ; personne ne les rallie, ne combat pour eux en public ; c'est là une grave erreur. Les royalistes n'ont point de chef et ne doivent point en avoir.

Dans un gouvernement représentatif on ne se place point derrière un homme, mais derrière une opinion. Les royalistes sont aujourd'hui dans l'opposition : leur guide alors est la minorité des deux Chambres. C'est là qu'ils doivent mettre leur espoir ; tous leurs efforts doivent tendre à augmenter cette minorité : ils doivent se rendre aux élections, se secourir, s'entr'aider ; ils doivent avoir leurs choix faits d'avance, et les maintenir invariablement. La maxime connue des ministériels est celle-ci : « Alliance avec les jacobins le plus tard » possible ; avec les royalistes, jamais. » A cette haineuse et illibérale maxime les royalistes doivent opposer celle-ci : « Alliance » avec les honnêtes gens de toutes les opinions. »

Les royalistes sont sur un excellent terrain : il n'est plus possible de nier qu'ils se soient ralliés franchement à la Charte. Toute leur force est là. Tant que dans les deux Chambres ils soutiendront le parti de la liberté, ils auront un immense avantage, car ils ajouteront alors à leur force politique toute la force morale de leur caractère. On les représente comme un parti foible, repoussé par l'opinion, sans capacité, sans esprit, n'ayant pour tout éclat qu'une fidélité surannée. Cela est faux : ils sont plus nombreux que les indépendans, et il ne faut pas qu'ils s'élèvent bien haut pour atteindre à l'esprit ministériel. Enfin, puisque j'ai tant parlé de conspiration, persuadons-nous bien que sous l'empire de la Charte il n'y a de vraies conspirations que celles de l'esprit et des talens. « Ce fut ainsi que M. Pitt conspira contre lord North, et qu'il le chassa du ministère. »

Il faut que j'ôte en finissant un espoir et une joie aux ennemis de la légitimité : ils croient qu'en persécutant les royalistes ils les fatigueront, les dégoûteront, et enlèveront ainsi à la maison de Bourbon son plus ferme appui. Pauvres gens! vous avez déjà usé vos échafauds contre notre fidélité, et vous espérez encore nous vaincre! Elle a comparu cette fidélité devant vos tribunaux révolutionnaires, et elle se rit des conspirations que vous pourriez inventer. Notre foi, éprouvée par vingt-cinq ans de malheurs, s'est encore accrue par la vertu du sang de nos pères et de nos frères immolés. Souvenez-vous que la balle qui si souvent a cassé la tête des serviteurs de Louis XVI, de Louis XVII et de Louis XVIII, n'est jamais arrivée assez vite pour empêcher le dernier cri de *vive le Roi!*

NOTES.

Qu'il me soit permis de me citer, puisqu'on me met dans le cas de la défense personnelle. Qui a défendu la Charte plus que moi? * Qui a montré plus que moi d'opposition à la domination étrangère?

Je disois, dans mon *Rapport sur l'état de la France*, fait au Roi dans son conseil, à Gand, le 12 mai 1815:

« SIRE, je sens trop combien tout ce que je viens de
» dire est déchirant pour votre cœur. Nous partageons
» dans ce moment votre royale tristesse. Il n'y a pas un de
» vos conseillers et de vos ministres, qui ne donnât sa vie
» pour prévenir l'invasion de la France. SIRE, vous êtes
» Français, nous sommes Français! Sensibles à l'hon-
» neur de notre patrie, fiers de la gloire de nos armes,
» admirateurs du courage de nos soldats, nous voudrions,
» au milieu de leurs bataillons, verser jusqu'à la dernière
» goutte de notre sang pour les ramener à leur devoir, ou
» pour partager avec eux des triomphes légitimes. Nous
» ne voyons qu'avec la plus profonde douleur les maux prêts
» à fondre sur notre pays; nous ne pouvons nous dissi-
» muler que la France ne soit dans le plus imminent
» danger : Dieu ressaisit le fléau qu'avoient laissé tomber
» vos mains paternelles; et il est à craindre que la rigueur
» de sa justice ne passe la grandeur de votre miséricorde!
» Ah, SIRE, à la voix de Votre Majesté, les étrangers
» respectant le descendant des Rois, l'héritier de la bonne
» foi de saint Louis et de Louis XII, sortirent de la France!
» mais si les factieux qui oppriment vos sujets prolon-
» geoient leur règne, si vos sujets trop abattus ne faisoient

* Voyez *les Réflexions politiques*, *la Monarchie selon la Charte*. Dans le *Génie du Christianisme* même, je parle avec admiration du gouvernement représentatif.

» rien pour s'en délivrer, vous ne pourriez pas toujours
» suspendre les calamités qu'entraîne la présence des
» armées. Du moins votre royale sollicitude s'est déjà
» assurée, par des traités qu'on respectera, l'intégrité du
» territoire français; qu'on ne fera la guerre qu'à un *seul*
» homme. »

Je disois, le 2 juin de la même année, à Gand, à propos de la Déclaration du Congrès :

« Il est impossible de conquérir la France. Les Espa-
» gnols, les Portugais, les Russes, les Prussiens, les
» Allemands ont prouvé et les Français auroient prouvé
» à leur tour qu'on ne subjugue point un peuple qui
» combat pour son nom et son indépendance. »

Si l'on remarque que ces passages étoient écrits et publiés au milieu même de l'armée confédérée, cette circonstance ajoutera peut-être quelque force aux sentimens qu'ils expriment.

J'écrivois au mois d'août 1816 dans la *Monarchie selon la Charte*, en traitant de la politique extérieure :

« Qui auroit jamais imaginé que des Français, pour
» conserver de misérables places, pour faire triompher
» les principes de la révolution, pour amener la destruc-
» tion de la légitimité iroient jusqu'à s'appuyer sur des
» autorités autres que celles de la patrie, jusqu'à menacer
» ceux qui ne pensent pas comme eux, de forces qui,
» grâce au ciel, ne sont pas entre leurs mains?
» Mais vous qui nous assurez les yeux brillans de joie,
» que les étrangers veulent vos systèmes, (ce que je ne
» crois pas du tout), vous qui semblez mettre vos nobles
» opinions sous la protection des baïonnettes européennes,
» ne reprochiez-vous pas aux royalistes de revenir dans
» les bagages des alliés ?.... Que sont donc devenus

» ces sentimens héroïques ! Français si fiers, si sensibles à
» l'honneur, c'est vous-mêmes qui cherchez aujourd'hui à
» me persuader qu'on vous *permet* tels sentimens, ou qu'on
» vous *commande* telle opinion. Vous ne mourriez pas
» de honte lorsque vous proclamiez pendant la session,
» qu'un ambassadeur vouloit absolument que le projet du
» ministère passât, que la proposition des chambres fût
» rejetée. Vous voulez que je vous croie quand vous
» venez me dire aujourd'hui (ce qui n'est sûrement
» qu'une odieuse calomnie) qu'un ministre français a
» passé trois heures avec un ministre étranger pour
» aviser un moyen de dissoudre la Chambre des Députés.
» Vous racontez confidemment qu'on a communiqué une
» ordonnance à un agent diplomatique, et qu'il l'a fort
» approuvée : et ce sont là des sujets d'exaltation et de
» triomphe pour vous. Quel est le plus Français de nous
» deux, de vous qui m'entretenez des étrangers quand vous
» me parlez des lois de ma patrie, de moi qui ai dit à la
» Chambre des Pairs les paroles que je repète ici : *Je dois*
» *sans doute au sang français qui coule dans mes veines*
» *cette impatience que j'éprouve, quand pour déterminer*
» *mon suffrage, on me parle d'opinions placées hors de*
» *ma patrie; et si l'Europe civilisée vouloit m'imposer la*
» *Charte, j'irois vivre à Constantinople*. . . . . »
» Et comment les mauvais Français qui soutiennent leurs
» sentimens par une si lâche ressource, ne s'aperçoivent-
» ils pas qu'ils vont directement contre leur but? Ils con-
» noissent bien peu l'esprit de la nation. S'il étoit vrai
» qu'il y eût du danger dans les opinions royalistes, vous
» verriez par cette raison même toute la France s'y pré-
» cipiter. Un Français passe toujours du côté du péril,
» parce qu'il est sûr d'y trouver la gloire.

» . . . .
» Ce n'est pas en se mettant sous les pieds d'un maître,
» qu'on se fait respecter ; une conduite noble est sans
» danger. Tenez fidèlement vos traités ; payez ce que
» vous devez ; donnez, s'il le faut, votre dernier écu,
» vendez votre dernier morceau de terre, la dernière
» dépouille de vos enfans ; pour payer les dettes de l'Etat ;
» le reste est à vous ; vous êtes nus, mais vous êtes libres.
» Eloignons de vaines terreurs : les princes de l'Eu-
» rope sont trop magnanimes pour intervenir dans les
» affaires particulières de la France. . . . .
» Les alliés ont eux-mêmes délivré leur propre pays du
» joug des Français ; ils savent que les nations doivent
» jouir de cette indépendance qu'on peut leur arracher
» un moment, mais qu'elles finissent par reconquérir :
» *Spoliatis arma supersunt.* »

Je prononçois à la tribune de la Chambre des Pairs le 2 mars de cette année, ces paroles tirées de mon *Opinion sur le Projet de loi relatif au Recrutement de l'armée :*

« Sans doute quiconque a une goutte de sang fran-
» çais dans les veines, doit désirer de toute la force de
» son âme, doit être prêt à acheter, par tous les sacri-
» fices, l'affranchissement de son pays : nos cœurs pal-
» piteront de joie quand le drapeau blanc flottera seul
» sur toutes les cités de la France. Mais rendu au pre-
» mier des biens pour un peuple, *à un bien sans lequel
» il n'y en a point d'autres,* à la dignité de notre indé-
» pendance, nous n'en aurons pas moins à guérir les
» plaies qu'un faux système nous a faites. »

www.ingramcontent.com/pod-product-compliance
Lightning Source LLC
Chambersburg PA
CBHW060515050426
42451CB00009B/1002